摩訶般若波羅蜜多心經

寫經

寫經 伏焚敬書

摩訶般若波羅蜜多心經
마하반야바라밀다심경

觀自在菩薩 行深般若波羅蜜多時 照見五蘊皆空 度一切苦厄
관자재보살 행심반야바라밀다시 조견오온개공 도일체고액

舍利子 色不異空 空不異色 色即是空 空即是色 受想行識 亦復如是
사리자 색불이공 공불이색 색즉시공 공즉시색 수상행식 역부여시

舍利子 是諸法空相 不生不滅 不垢不淨 不增不減
사리자 시제법공상 불생불멸 불구부정 부증불감

是故 空中無色 無受想行識 無眼耳鼻舌身意 無色聲香味觸法 無眼界 乃至 無意識界
시고 공중무색 무수상행식 무안이비설신의 무색성향미촉법 무안계 내지 무의식계

無無明 亦無無明盡 乃至 無老死 亦無老死盡 無苦集滅道 無智亦無得
무무명 역무무명진 내지 무노사 역무노사진 무고집멸도 무지역무득

以無所得故 菩提薩埵 依般若波羅蜜多故 心無罣礙 無罣礙故 無有恐怖 遠離顛倒夢想 究竟涅槃
이무소득고 보리살타 의반야바라밀다고 심무가애 무가애고 무유공포 원리전도몽상 구경열반

三世諸佛 依般若波羅蜜多故 得阿耨多羅三藐三菩提
삼세제불 의반야바라밀다고 득아뇩다라삼먁삼보리

故知般若波羅蜜多 是大神呪 是大明呪 是無上呪 是無等等呪 能除一切苦 眞實不虛
고지반야바라밀다 시대신주 시대명주 시무상주 시무등등주 능제일체고 진실불허

故說般若波羅蜜多呪 即說呪曰
고설반야바라밀다주 즉설주왈

揭諦揭諦 波羅揭諦 波羅僧揭諦 菩提娑婆訶 (3번)
아제아제 바라아제 바라승아제 모제사바하

一。 정 례

일심정례 본사세존 석가모니불
일심정례 시방삼세 상주불보
일심정례 시방삼세 상주법보
일심정례 일체보살 제현성승
일심정례 시방삼세 상주승보

一。 반야심경 봉독

一。 염 불 (다 함께)

나무 삼계대사 사생자부 시아본사 석가모니불…(21념)

빛나올사 거룩하신 석가모니불
시방세계 무엇으로 견주어보리
이-세간 모든것을 다보았지만
부처님만 하온어른 다시없어라

대자대비 윤택한 – 지혜의 물과
거룩하온 능엄정을 먹으로 하고
넓고깊은 서원을 – 붓으로하고
견고하온 믿음의 – 청정지위에
마하반야 법신문자 서사합니다。
이문자는 삼세불의 진실몸이니
모든공덕 빠짐없이 구족합니다。
바라건대 사경하는 이공덕으로
시방세계 중생들이 모두다함께
무시이래 지은죄장 소멸되옵고
위 – 없는 큰법문을 얻어지이다。
몸과마음 청정하고 보리빛나고
복과지혜 구족하게 장엄하오며
보현행원 원만하게 이룩하여서
모든중생 함께성불 하여지이다。

나무마하반야바라밀。

一。 사경 시작

一。 사경 끝남

一。 사은명 (함께 낭송으로)

평화한천하　나라님은혜
낳아기르신　부모님은혜
함께도웁신　중생님은혜
정법빛내신　삼보님은혜
마음에새겨　잊지않으리

一。 회향 (함께 낭송으로)

저희들이　지은바-　이-공덕이
일체의-　중생들의　공덕이되어
모든중생　빠짐없이　성불하옵고
위-없는　불국토를　이뤄지이다
나무마하반야바라밀。

摩訶般若波羅蜜多心經

觀自在菩薩行深般若波羅蜜多時

照見五蘊皆空度一切苦厄舍利子

色不異空空不異色色即是空空即

是色受想行識亦復如是舍利子是

明		眼		眼		不		諸
盡		界		耳		減		法
乃		乃		鼻		是		空
至		至		舌		故		相
無		無		身		空		不
老		意		意		中		生
死		識		無		無		不
亦		界		色		色		滅
無		無		聲		無		不
老		無		香		受		垢
死		明		味		想		不
盡		亦		觸		行		淨
無		無		法		識		不
苦		無		無		無		增

集滅道無智亦無得以無所得故菩
提薩埵依般若波羅蜜多故心無罣
碍無罣碍故無有恐怖遠離顛倒夢
想究竟涅槃三世諸佛依般若波羅
蜜多故得阿耨多羅三藐三菩提故

知般若波羅蜜多是大神呪是大明

呪是無上呪是無等等呪能除一切

苦眞實不虛故說般若波羅蜜多呪

卽說呪曰揭諦揭諦波羅揭諦波羅

僧揭諦菩提娑婆訶。

摩訶般若波羅蜜多心經

觀自在菩薩行深般若波羅蜜多時

照見五蘊皆空度一切苦厄舍利子

色不異空空不異色色即是空空即

是色受想行識亦復如是舍利子是

諸法空相不生不滅不垢不淨不增

不滅是故空中無色無受想行識無

眼耳鼻舌身意無色聲香味觸法無

眼界乃至無意識界無明亦無無

明盡乃至無老死亦無老死盡無苦

集滅道無智亦無得以無所得故菩
提薩埵依般若波羅蜜多故心無罣
碍無罣碍故無有恐怖遠離顛倒夢
想究竟涅槃三世諸佛依般若波羅
蜜多故得阿耨多羅三藐三菩提故

知般若波羅蜜多是大神呪是大明
呪是無上呪是無等等呪能除一切
苦眞實不虛故說般若波羅蜜多呪
即說呪曰揭諦揭諦波羅揭諦波羅
僧揭諦菩提娑婆訶。

摩訶般若波羅蜜多心經

觀自在菩薩行深般若波羅蜜多時

照見五蘊皆空度一切苦厄舍利子

色不異空空不異色色即是空空即

是色受想行識亦復如是舍利子是

諸法空相不生不滅不垢不淨不增

不滅是故空中無色無受想行識無

眼耳鼻舌身意無色聲香味觸法無

眼界乃至無意識界無無明亦無無

明盡乃至無老死亦無老死盡無苦

集滅道無智亦無得以無所得故菩

提薩埵依般若波羅蜜多故心無罣

碍無罣碍故無有恐怖遠離顛倒夢

想究竟涅槃三世諸佛依般若波羅

蜜多故得阿耨多羅三藐三菩提故

知般若波羅蜜多是大神呪是大明

呪是無上呪是無等等呪能除一切

苦眞實不虛故說般若波羅蜜多呪

卽說呪曰揭諦揭諦波羅揭諦波羅

僧揭諦菩提娑婆訶。

摩訶般若波羅蜜多心經

觀自在菩薩行深般若波羅蜜多時

照見五蘊皆空度一切苦厄舍利子

色不異空空不異色色即是空空即

是色受想行識亦復如是舍利子是

諸法空相不生不滅不垢不淨不增

不滅是故空中無色無受想行識無

眼耳鼻舌身意無色聲香味觸法無

眼界乃至無意識界無明亦無無

明盡乃至無老死亦無老死盡無苦

集滅道無智亦無得以無所得故菩
提薩埵依般若波羅蜜多故心無罣
碍無罣碍故無有恐怖遠離顛倒夢
想究竟涅槃三世諸佛依般若波羅
蜜多故得阿耨多羅三藐三菩提故

知般若波羅蜜多是大神呪是大明
呪是無上呪是無等等呪能除一切
苦眞實不虛故說般若波羅蜜多呪
卽說呪曰揭諦揭諦波羅揭諦波羅
僧揭諦菩提娑婆訶。

摩訶般若波羅蜜多心經

觀自在菩薩行深般若波羅蜜多時

照見五蘊皆空度一切苦厄舍利子

色不異空空不異色色即是空空即

是色受想行識亦復如是舍利子是

諸法空相不生不滅不垢不淨不增
不減是故空中無色無受想行識無
眼耳鼻舌身意無色聲香味觸法無
眼界乃至無意識界無明亦無無無
明盡乃至無老死亦無老死盡無苦

集滅道無智亦無得以無所得故菩

提薩埵依般若波羅蜜多故心無罣

碍無罣碍故無有恐怖遠離顛倒夢

想究竟涅槃三世諸佛依般若波羅

蜜多故得阿耨多羅三藐三菩提故

知般若波羅蜜多是大神呪是大明

呪是無上呪是無等等呪能除一切

苦眞實不虛故說般若波羅蜜多呪

卽說呪曰揭諦揭諦波羅揭諦波羅

僧揭諦菩提娑婆訶。

摩訶般若波羅蜜多心經

觀自在菩薩行深般若波羅蜜多時

照見五蘊皆空度一切苦厄舍利子

色不異空空不異色色即是空空即

是色受想行識亦復如是舍利子是

諸法空相不生不滅不垢不淨不增

不減是故空中無色無受想行識無

眼耳鼻舌身意無色聲香味觸法無

眼界乃至無意識界無無明亦無無

明盡乃至無老死亦無老死盡無苦

集滅道無智亦無得以無所得故菩
提薩埵依般若波羅蜜多故心無罣
碍無罣碍故無有恐怖遠離顛倒夢
想究竟涅槃三世諸佛依般若波羅
蜜多故得阿耨多羅三藐三菩提故

知般若波羅蜜多是大神呪是大明

呪是無上呪是無等等呪能除一切

苦眞實不虛故說般若波羅蜜多呪

卽說呪曰揭諦揭諦波羅揭諦波羅

僧揭諦菩提娑婆訶。

摩訶般若波羅蜜多心經

觀自在菩薩行深般若波羅蜜多時

照見五蘊皆空度一切苦厄舍利子

色不異空空不異色色即是空空即

是色受想行識亦復如是舍利子是

諸法空相不生不滅不垢不淨不增

不滅是故空中無色無受想行識無

眼耳鼻舌身意無色聲香味觸法無

眼界乃至無意識界無無明亦無

明盡乃至無老死亦無老死盡無苦

集滅道無智亦無得以無所得故菩
提薩埵依般若波羅蜜多故心無罣
碍無罣碍故無有恐怖遠離顛倒夢
想究竟涅槃三世諸佛依般若波羅
蜜多故得阿耨多羅三藐三菩提故

知般若波羅蜜多是大神呪是大明呪是無上呪是無等等呪能除一切苦眞實不虛故說般若波羅蜜多呪卽說呪曰揭諦揭諦波羅揭諦波羅僧揭諦菩提娑婆訶。

摩訶般若波羅蜜多心經

觀自在菩薩行深般若波羅蜜多時

照見五蘊皆空度一切苦厄舍利子

色不異空空不異色色即是空空即

是色受想行識亦復如是舍利子是

諸法空相不生不滅不垢不淨不增

不減是故空中無色無受想行識無

眼耳鼻舌身意無色聲香味觸法無

眼界乃至無意識界無無明亦無無

明盡乃至無老死亦無老死盡無苦

集滅道無智亦無得以無所得故菩

提薩埵依般若波羅蜜多故心無罣

碍無罣碍故無有恐怖遠離顛倒夢

想究竟涅槃三世諸佛依般若波羅

蜜多故得阿耨多羅三藐三菩提故

知般若波羅蜜多是大神呪是大明
呪是無上呪是無等等呪能除一切
苦眞實不虛故說般若波羅蜜多呪
卽說呪曰揭諦揭諦波羅揭諦波羅
僧揭諦菩提娑婆訶。

是色受想行識亦復如是舍利子是
色不異空空不異色色即是空空即
照見五蘊皆空度一切苦厄舍利子
觀自在菩薩行深般若波羅蜜多時
摩訶般若波羅蜜多心經

諸法空相不生不滅不垢不淨不增
不減是故空中無色無受想行識無
眼耳鼻舌身意無色聲香味觸法無
眼界乃至無意識界無無明亦無無
明盡乃至無老死亦無老死盡無苦

集滅道無智亦無得以無所得故菩

提薩埵依般若波羅蜜多故心無罣

碍無罣碍故無有恐怖遠離顛倒夢

想究竟涅槃三世諸佛依般若波羅

蜜多故得阿耨多羅三藐三菩提故

知般若波羅蜜多是大神呪是大明

呪是無上呪是無等等呪能除一切

苦眞實不虛故說般若波羅蜜多呪

卽說呪曰揭諦揭諦波羅揭諦波羅

僧揭諦菩提娑婆訶。

摩訶般若波羅蜜多心經

觀自在菩薩行深般若波羅蜜多時

照見五蘊皆空度一切苦厄舍利子

色不異空空不異色色即是空空即

是色受想行識亦復如是舍利子是

諸法空相不生不滅不垢不淨不增

不滅是故空中無色無受想行識無

眼耳鼻舌身意無色聲香味觸法無

眼界乃至無意識界無明亦無

明盡乃至無老死亦無老死盡無苦

集滅道無智亦無得以無所得故菩

提薩埵依般若波羅蜜多故心無罣

碍無罣碍故無有恐怖遠離顛倒夢

想究竟涅槃三世諸佛依般若波羅

蜜多故得阿耨多羅三藐三菩提故

知般若波羅蜜多是大神呪是大明
呪是無上呪是無等等呪能除一切
苦眞實不虛故說般若波羅蜜多呪
即說呪曰揭諦揭諦波羅揭諦波羅
僧揭諦菩提娑婆訶。

摩訶般若波羅蜜多心經
觀自在菩薩行深般若波羅蜜多時
照見五蘊皆空度一切苦厄舍利子
色不異空空不異色色即是空空即
是色受想行識亦復如是舍利子是

諸法空相不生不滅不垢不淨不增
不滅是故空中無色無受想行識無
眼耳鼻舌身意無色聲香味觸法無
眼界乃至無意識界無無明亦無無
明盡乃至無老死亦無老死盡無苦

集滅道無智亦無得以無所得故菩
提薩埵依般若波羅蜜多故心無罣
礙無罣礙故無有恐怖遠離顛倒夢
想究竟涅槃三世諸佛依般若波羅
蜜多故得阿耨多羅三藐三菩提故

知般若波羅蜜多是大神呪是大明
呪是無上呪是無等等呪能除一切
苦眞實不虛故說般若波羅蜜多呪
卽說呪曰揭諦揭諦波羅揭諦波羅
僧揭諦菩提娑婆訶。

摩訶般若波羅蜜多心經

觀自在菩薩行深般若波羅蜜多時

照見五蘊皆空度一切苦厄舍利子

色不異空空不異色色即是空空即

是色受想行識亦復如是舍利子是

明	眼	眼	不	諸
盡	界	耳	滅	法
乃	乃	鼻	是	空
至	至	舌	故	相
無	無	身	空	不
老	意	意	中	生
死	識	無	無	不
亦	界	色	色	滅
無	無	聲	無	不
老	無	香	受	垢
死	明	味	想	不
盡	亦	觸	行	淨
無	無	法	識	不
苦	無	無	無	增

集滅道無智亦無得以無所得故菩
提薩埵依般若波羅蜜多故心無罣
礙無罣礙故無有恐怖遠離顛倒夢
想究竟涅槃三世諸佛依般若波羅
蜜多故得阿耨多羅三藐三菩提故

知般若波羅蜜多是大神呪是大明

呪是無上呪是無等等呪能除一切

苦眞實不虛故說般若波羅蜜多呪

卽說呪曰揭諦揭諦波羅揭諦波羅

僧揭諦菩提娑婆訶。

摩訶般若波羅蜜多心經

觀自在菩薩行深般若波羅蜜多時

照見五蘊皆空度一切苦厄舍利子

色不異空空不異色色即是空空即

是色受想行識亦復如是舍利子是

諸法空相不生不滅不垢不淨不增
不減是故空中無色無受想行識無
眼耳鼻舌身意無色聲香味觸法無
眼界乃至無意識界無無明亦無無
明盡乃至無老死亦無老死盡無苦

集滅道無智亦無得以無所得故菩
提薩埵依般若波羅蜜多故心無罣
碍無罣碍故無有恐怖遠離顛倒夢
想究竟涅槃三世諸佛依般若波羅
蜜多故得阿耨多羅三藐三菩提故

知般若波羅蜜多是大神呪是大明
呪是無上呪是無等等呪能除一切
苦眞實不虛故說般若波羅蜜多呪
卽說呪曰揭諦揭諦波羅揭諦波羅
僧揭諦菩提娑婆訶。

摩訶般若波羅蜜多心經

觀自在菩薩行深般若波羅蜜多時

照見五蘊皆空度一切苦厄舍利子

色不異空空不異色色即是空空即

是色受想行識亦復如是舍利子是

諸法空相不生不滅不垢不淨不增
不減是故空中無色無受想行識無
眼耳鼻舌身意無色聲香味觸法無
眼界乃至無意識界無明亦無無
明盡乃至無老死亦無老死盡無苦

集滅道無智亦無得以無所得故菩
提薩埵依般若波羅蜜多故心無罣
礙無罣礙故無有恐怖遠離顛倒夢
想究竟涅槃三世諸佛依般若波羅
蜜多故得阿耨多羅三藐三菩提故

知般若波羅蜜多是大神呪是大明

呪是無上呪是無等等呪能除一切

苦眞實不虛故說般若波羅蜜多呪

卽說呪曰揭諦揭諦波羅揭諦波羅

僧揭諦菩提娑婆訶。

摩訶般若波羅蜜多心經

觀自在菩薩行深般若波羅蜜多時

照見五蘊皆空度一切苦厄舍利子

色不異空空不異色色即是空空即

是色受想行識亦復如是舍利子是

諸法空相不生不滅不垢不淨不增

不減是故空中無色無受想行識無

眼耳鼻舌身意無色聲香味觸法無

眼界乃至無意識界無明亦無無

明盡乃至無老死亦無老死盡無苦

集滅道無智亦無得以無所得故菩

提薩埵依般若波羅蜜多故心無罣

礙無罣礙故無有恐怖遠離顛倒夢

想究竟涅槃三世諸佛依般若波羅

蜜多故得阿耨多羅三藐三菩提故

僧揭諦菩提娑婆訶。		卽說呪曰揭諦揭諦波羅揭諦波羅		苦眞實不虛故說般若波羅蜜多		呪是無上呪是無等等呪能除一切		知般若波羅蜜多是大神呪是大明

摩訶般若波羅蜜多心經
觀自在菩薩行深般若波羅蜜多時
照見五蘊皆空度一切苦厄舍利子
色不異空空不異色色即是空空即
是色受想行識亦復如是舍利子是

諸法空相不生不滅不垢不淨不增
不減是故空中無色無受想行識無
眼耳鼻舌身意無色聲香味觸法無
眼界乃至無意識界無無明亦無無
明盡乃至無老死亦無老死盡無苦

69

集滅道無智亦無得以無所得故菩
提薩埵依般若波羅蜜多故心無罣
碍無罣碍故無有恐怖遠離顛倒夢
想究竟涅槃三世諸佛依般若波羅
蜜多故得阿耨多羅三藐三菩提故

知般若波羅蜜多是大神呪是大明呪是無上呪是無等等呪能除一切苦眞實不虛故說般若波羅蜜多呪卽說呪曰揭諦揭諦波羅揭諦波羅僧揭諦菩提娑婆訶。

摩訶般若波羅蜜多心經

觀自在菩薩行深般若波羅蜜多時

照見五蘊皆空度一切苦厄舍利子

色不異空空不異色色即是空空即

是色受想行識亦復如是舍利子是

明		眼		眼	不		諸
盡		界		耳	減		法
乃		乃		鼻	是		空
至		至		舌	故		相
無		無		身	空		不
老		意		意	中		生
死		識		無	無		不
亦		界		色	色		滅
無		無		聲	無		不
老		無		香	受		垢
死		明		味	想		不
盡		亦		觸	行		淨
無		無		法	識		不
苦		無		無	無		增

集滅道無智亦無得以無所得故菩
提薩埵依般若波羅蜜多故心無罣
碍無罣碍故無有恐怖遠離顛倒夢
想究竟涅槃三世諸佛依般若波羅
蜜多故得阿耨多羅三藐三菩提故

知般若波羅蜜多是大神呪是大明
呪是無上呪是無等等呪能除一切
苦眞實不虛故說般若波羅蜜多呪
卽說呪曰揭諦揭諦波羅揭諦波羅
僧揭諦菩提娑婆訶。

摩訶般若波羅蜜多心經

觀自在菩薩行深般若波羅蜜多時

照見五蘊皆空度一切苦厄舍利子

色不異空空不異色色即是空空即

是色受想行識亦復如是舍利子是

諸法空相不生不滅不垢不淨不增

不減是故空中無色無受想行識無

眼耳鼻舌身意無色聲香味觸法無

眼界乃至無意識界無無明亦無無

明盡乃至無老死亦無老死盡無苦

集滅道無智亦無得以無所得故菩
提薩埵依般若波羅蜜多故心無罣
碍無罣碍故無有恐怖遠離顛倒夢
想究竟涅槃三世諸佛依般若波羅
蜜多故得阿耨多羅三藐三菩提故

知般若波羅蜜多是大神呪是大明

呪是無上呪是無等等呪能除一切

苦眞實不虛故說般若波羅蜜多呪

即說呪曰揭諦揭諦波羅揭諦波羅

僧揭諦菩提娑婆訶。

摩訶般若波羅蜜多心經

觀自在菩薩行深般若波羅蜜多時

照見五蘊皆空度一切苦厄舍利子

色不異空空不異色色即是空空即

是色受想行識亦復如是舍利子是

明	眼	眼	不	諸
盡	界	耳	滅	法
乃	乃	鼻	是	空
至	至	舌	故	相
無	無	身	空	不
老	意	意	中	生
死	識	無	無	不
亦	界	色	色	滅
無	無	聲	無	不
老	無	香	受	垢
死	明	味	想	不
盡	亦	觸	行	淨
無	無	法	識	不
苦	無	無	無	增

集滅道無智亦無得以無所得故菩
提薩埵依般若波羅蜜多故心無罣
礙無罣礙故無有恐怖遠離顛倒夢
想究竟涅槃三世諸佛依般若波羅
蜜多故得阿耨多羅三藐三菩提故

知般若波羅蜜多是大神呪是大明
呪是無上呪是無等等呪能除一切
苦眞實不虛故說般若波羅蜜多呪
卽說呪曰揭諦揭諦波羅揭諦波羅
僧揭諦菩提娑婆訶。

摩訶般若波羅蜜多心經

觀自在菩薩行深般若波羅蜜多時

照見五蘊皆空度一切苦厄舍利子

色不異空空不異色色即是空空即

是色受想行識亦復如是舍利子是

諸法空相不生不滅不垢不淨不增

不滅是故空中無色無受想行識無

眼耳鼻舌身意無色聲香味觸法無

眼界乃至無意識界無無明亦無無

明盡乃至無老死亦無老死盡無苦

集滅道無智亦無得以無所得故菩

提薩埵依般若波羅蜜多故心無罣

碍無罣碍故無有恐怖遠離顛倒夢

想究竟涅槃三世諸佛依般若波羅

蜜多故得阿耨多羅三藐三菩提故

知般若波羅蜜多是大神呪是大明

呪是無上呪是無等等呪能除一切

苦眞實不虛故說般若波羅蜜多

即說呪曰揭諦揭諦波羅揭諦波羅

僧揭諦菩提娑婆訶。

摩訶般若波羅蜜多心經

觀自在菩薩行深般若波羅蜜多時

照見五蘊皆空度一切苦厄舍利子

色不異空空不異色色即是空空即

是色受想行識亦復如是舍利子是

諸法空相不生不滅不垢不淨不增

不滅是故空中無色無受想行識無

眼耳鼻舌身意無色聲香味觸法無

眼界乃至無意識界無無明亦無無

明盡乃至無老死亦無老死盡無苦

集滅道無智亦無得以無所得故菩
提薩埵依般若波羅蜜多故心無罣
礙無罣礙故無有恐怖遠離顛倒夢
想究竟涅槃三世諸佛依般若波羅
蜜多故得阿耨多羅三藐三菩提故

知般若波羅蜜多是大神呪是大明
呪是無上呪是無等等呪能除一切
苦眞實不虛故說般若波羅蜜多呪
即說呪曰揭諦揭諦波羅揭諦波羅
僧揭諦菩提娑婆訶。

願以此功德　普及於一切
我等與衆生　當生極樂國
同見無量壽　皆共成佛道

亡
　（모）　　　　儒人　　　氏　靈駕

亡
　부　　　　　后人　　　君　복위

　　　　행효자（녀）　　　　經書

불기　　　　년　월　일

서기　　　　년　월　일

사경수행에 대하여

반야심경에는 제불의 안목이 갖추어져 있으며 모든 경전의 정요(精要)가 담겨 있어서 실로 석가모니부처님의 심장이라 하지 않을 수 없다. 그런 까닭에 반야심경의 글자 한 자에도 한량없는 비의(秘義)가 담겨 있으며 한 구절의 문장 속에도 현의(玄義)가 고스란하다. 이 사경을 통해 심대원고한 반야심경의 사상을 투철하고 명백하게 이해할 것으로 믿어 수행법으로 채택하여 힘차게 권청하는 바이다.

1。 사경은 기도다

불자는 원을 세우고 수행해야 한다. 수행을 통해서 불보살님의 대자대비를 보고 무애위덕을 보며 무량공덕을 보아 원만과 성취와 청정의 현전을 체득하게 된다. 이와 같은 수행의 힘이 사경을 함으로써 나타나고 이루어지므로 원을 세운 사경은 기도일 수밖에 없다.

① 고인의 사십구재시 왕생사경기도
부모님이나 가까운 분들이 세상을 떠나셨을 때 49재를 모시면서 하루 한 번씩 또는 몇 번씩이라도 정해놓고 또박또박 써내려가면 왕생의 요결이 된다. 특히 남자들일 경우는 어디서든 시간이 나면 곧바로 사경할 수 있는 것이다. 사경한 것은 49재날 고인을 위해 불살라 준다.

② 조상님이나 임신중절한 태아의 천도를 위한 사경기도
천도시식날을 미리 정해놓고 49일 동안이든 백일 동안이든 마음과 형편에 따라 사경을 지성껏 한다. 천도시식하는 날 함께 불살라 영가에게 공양한다.

③ 자식의 입시나 남편의 승진을 위한 사경기도
한 자 한 자를 쓰는데 몸과 마음을 다하여 정성을 드리고 진리의 큰 은혜에 감사하면 법신문자의 대위덕으로 모든 선업이 이루어진다. 역시 기간을 정해 놓고 하루 한 번씩 또는 몇 번이라도 빠짐없이 써 내려간다. 사경을 부처님 전에 올리고 감사공양을 올린다.

④ 소원성취를 위한 사경기도
일체유심조다. 마음에서 이루어지면 현실에 나타난다. 법신공덕이 문자를 통해 온전히 드러나면 일체 소원이 성취된다. 소중하게 보관했다가 불전에 올린다.

2. 사경은 참회다

사경을 하면 업장이 녹아내리며 마음이 밝아진다. 마음이 안정되어 매사에 충실하고 지혜가 빛나 성취의 위덕을 쓰게 된다. 진정한 최상의 참회는 죄의 뿌리가 텅비어 있음을 아는 것이며 청정자성을 내어 쓰는 것이다.

3. 사경은 작복(作福)이다

복은 빌어서 생기지 않고 깨끗한 자비심으로 지어야 한다. 남에게 이익되는 일을 하되 조금도 집착하지 않으며 마치 허공에 새가 날아가도 자국이 남지 않듯이 순일무잡한 심성으로 중생에게 이익을 주는 것이다. 사경은 이러한 무심의 선행(善行) 작복을 이룩해 준다.

4. 사경은 선(禪)이다

사경 가운데서 일행삼매(一行三昧)를 얻는다. 정심(定心)이 오롯하여 지극히 안정되며 안정 가운데 평화가 있으며 행복이 있는 것이다. 참 주인으로 인생을 껍데기에 속지 않고 살아가게 된다. 일념을 얻으면 일체법을 얻는 것이니 어찌 앞에 열거한 일뿐이겠는가. 오직 꾸준한 사경수행을 통한 정진만이 요체중에 요긴이리라 믿는다.

5. 사경은 경안(經眼)을 열어 준다

사경을 하므로 경문 한 자 한 자를 더욱 깊이 이해하게 되고 문장의 뜻을 사무쳐 마침내 경의를 알게된다. 경을 읽어서 이해하는 것보다 사경을 하면 경의 깊은 내용을 알게 된다.

사경방법에 대하여

첫머리에 사경의식 작법을 자세히 시설해 놓았다. 그러나 다시 몇 가지 보충설명을 통해서 처음 사경하는 행자들에게 편익을 주고자 한다.

1. 사경을 시작할 때

사경은 깊은 정성으로 하는 것이다. 그야말로 잡념이 끊어진 집중상태의 연속이다. 글자 한 자도 틀리지 않아야 하며 점 하나, 획 하나도 소홀해서는 안 된다. 옛 조상님들께서는 경문글자 한 자 쓰고 일어나서 삼배를 하거나(一字三拜) 경문 한 줄 쓰고 일어나 삼배를 하는(一行三拜) 정성을 기울였다. 이제 우리는 그러한 전례를 알면서보다 깊은 마음으로 사경에 임하자. 사경에 임할 때는 몸과 마음을 청정하게 한다. 사경실이 따로 있으면 좋으나 그렇지 못한 경우에는 조용한 방이나 서재를 사경실로 이용한다. 앞에 시설된 사경의식 작법에 따라서 차례로 진행하면 된다. 물론 사경할 수 있는 준비를 하고 한 개비의 향을 피워올려 주변을 맑힌 다음 염불하고 시작한다.

2. 사경 중에 유의할 일

① 글자를 틀리게 썼을 때 - 틀린 글자 위에 점을 찍어 놓고 제일 나중에 뒤에다 틀린 글자를 다시 쓰지만 여기서는 바로 옆에 다시 쓰도록 한다. 지우거나 ×표를

② 하지 않는다.

② 글자가 빠졌을 때 - 맨 뒤에다 써 넣는다. 빠진 글자 위치에 끼워 넣는 표시(<)를 한다. 여러 자가 빠진 경우에는 차례대로 표시(<)를 하고 순서대로 쓴다.

3. 사경은 반드시 날짜와 시간을 정한다

50일 사경기도나 백일 사경기도로 하고 또는 21일이나 천일도 좋을 것이다. 매일 매일 같은 시간에 사경한다. 부득이 여러 사람이 있어서 분위기가 어수선하면 사경의식 작법을 마음으로 관하여 읽고 사경을 한다. 사무실에서 사경을 하다가 손님이 오면 조용히 덮어 놓았다가 손님이 간 뒤에 다시 이어서 하면 된다. 출장시에는 비행기나 호텔에서도 하는 등 사경은 언제 어디서나 해도 좋다. 사경의식 작법을 할 수없으면 다만 마음을 조용히 하여 잠시 염불하고 사경하면 된다.

4. 사경의 처리방법

① 책으로 엮어서 집안의 가보로 삼는다.

② 다른 불자에게 선물하든지 병고나 어려움에 처한 사람에게 보내주기도 한다.

③ 돌아가신 부모님, 조상님, 임신중절한 태아를 위하여 공양할 때는 불태워 드린다.

④ 법당을 지을 때 중요한 기초부분에 밀폐하여 보관하거나 대들보 위에 안치한다. (절에가서 - 소대)

마하반야바라밀다심경사경

불기 2544(2000)년 3월 15일 초판 인쇄
불기 2544(2000)년 3월 20일 초판 발행

엮은이 / 불광출판부 편집부
펴낸이 / 봉화영
펴낸곳 / 불광출판부

138-190 서울 송파구 석촌동 160-1
대표전화 420 - 3200
편 집 부 420 - 3300
팩시밀리 420 - 3400
http://www.bulkwang.org

등록번호 제 1-183호 (1979.10.10)
ISBN 89 - 7479 - 621 - X

값 4,500원

⊙ 잘못된 책은 바꾸어 드립니다.
⊙ 법보시용으로 다량주문시에는 특별할인해 드립니다.